AF452946

ÉTRENNES

AUX

JOUEURS DE CARTES.

ÉCLAIRCISSEMENTS

HISTORIQUES ET CRITIQUES

SUR L'INVENTION

DES CARTES A JOUER,

Par M. l'Abbé R I V E ;

TIRÉS de sa Notice d'un *MS.* de la Bibliotheque de
M. le Duc DE LA VALLIERE, intitulé le Roman
d'ARTUS, COMTE DE BRETAIGNE ; imprimée à
Paris, chez *Didot l'aîné*, en 1779, in-4°.

A P A R I S,

DE L'IMPRIMERIE DE FR. AMBR, DIDOT,
rue Pavée.

M. D C C. LXXX.

ECLAIRCISSEMENTS

hiſtoriques & critiques
SUR L'INVENTION
DES CARTES A JOUER.

ON prétend communément que l'invention des cartes à jouer eſt due aux François, & qu'elle eſt du regne de leur Roi Charles VI. Un des principaux Auteurs de cette opinion eſt le Pere Meneſtrier, Jéſuite. Elle eſt paſſée, de ſa *Bibliotheque curieuſe & inſtructive* (1), dans un Mémoire du Pere Daniel, ſon confrere (2), dans l'*Encyclopédie* (3), dans l'*Art de vérifier les dates* (4), dans la *Continuation de l'Hiſtoire de France* de l'Abbé Velly, par Villaret (5), dans le *Dictionnaire Hiſtorique des Mœurs, Uſages & Coutumes des François* (6), dans l'*Hiſtoire de l'Inauguration des Souverains* (7) , & dans la nouvelle édition qu'on a faite à Neuchatel de l'*Art du Cartier* publié par M. Duhamel du Monceau (8) , &c.

Elle a deux parties, dont l'une & l'autre ſont fauſſes. Bullet (9) en a admis la premiere , en diſant que les cartes à jouer ont été inventées en France. Il en a rejetté la ſeconde, en reculant leur invention ſous le regne de Charles V , Roi de France , & en la datant d'environ l'an 1376 , quatre ou cinq ans avant le regne de Charles VI, ſon ſucceſſeur (10). Jean Albert Fabricius (11) , Schœpflin (12), Fournier (13), de Vigny (14) & Saint-Foix (15) , ont adopté ſon avis.

Meerman (16) a réfuté Bullet ſur l'époque de cette invention. Il l'a remontée neuf ans plus haut que lui, ſous le même regne ; & il l'a fixée vers l'an 1367 : mais il ne nous a pas appris en quelle partie du monde les cartes à jouer ont pris naiſſance.

La Marre (17), & l'Abbé le Gendre (18), les font venir de la Lydie. Leur opinion eſt ſi dénuée de vraiſemblance, qu'elle ne mérite pas d'être citée.

L'Abbé de Longuerue (19) & le Baron de Heineken (20) ont cru, l'un qu'elles ont été inventées en Italie dans le quatorzieme ſiecle, & l'autre en Allemagne, ſur la fin du treizieme. Ils n'ont deviné, ni la nation, ni l'époque auxquelles il faut en rapporter l'invention.

Les cartes ſont au moins de l'an 1330 ; & ce n'eſt, ni en France, ni en Italie, ni en Allemagne, qu'elles paroiſſent pour la premiere fois. On les voit en Eſpagne vers cette année, & bien long-temps avant qu'on en trouve la moindre trace dans aucune autre nation.

Elles y ont été inventées par un nommé *Nicolao Pepin* (21). C'eft ce que Bullet (22) n'a pas su. Le nom de *Naipes*, que les Efpagnols leur ont donné (23), a été formé des lettres N. P. qui font les initiales des deux noms de leur Inventeur (24). On lit cette étymologie dans le *Dictionnaire de la langue Caftillane*, compofé par l'Académie Royale d'Efpagne (25).

Bullet a dérivé le mot *Naipes*, du mot Bafque *Napa*, qui fignifie *plat*, *uni* (26). Comme il s'agit d'un fait dont les Savants du pays doivent être mieux inftruits que lui, nous préférons à fon étymologie celle qui eft dans ce Dictionnaire.

Les Italiens, en recevant des Efpagnols les cartes à jouer, leur ont donné à-peu-près le même nom, &

ils les ont appellées *Naibi*. La Chronique de Giovan Morelli , qui eſt de
l'an 1393 (27) , & que Bullet (28)
n'a pas connue , nous les préſente
ſous cette dénomination (29). Les
Editeurs du *Dictionnaire de l'Académie de la Cruſca* , réimprimé en 1733
à Florence , en 6 vol. *in-fol.* (30) , &
l'Abbé Alberti (31) qui les a copiés ,
ont ignoré la véritable ſignification
du mot *Naibi*. Ce mot a été enſuite
latiniſé : les cartes ſont nommées
Naibes dans une Vie Latine de Saint
Bernardin de Sienne , qui mourut en
1444. Cette Vie a été écrite par un
nommé *Bernabeus* , contemporain
& compatriote de ce Saint. Les Bollandiſtes l'ont inférée dans leur Col-
lection hagiologique (32); mais ils ſe
ſont trompés en croyant que le mot
Naibes ſignifie un *cornet à jouer aux
dez* (33). Les derniers Editeurs du

Glossaire de la moyenne & basse Latinité, par Ducange, sont tombés dans la même erreur (34). Ils ont été les uns & les autres relevés par Bullet (35).

Si nous attribuons aux Espagnols l'invention des cartes à jouer, c'est à cause qu'ils produisent la premiere piece qui en atteste l'existence. Elles sont prohibées par les Statuts d'un Ordre de Chevalerie qui fut établi en Espagne vers l'an 1332 (36). Cet Ordre, dont il n'existe aujourd'hui plus de vestiges, avoit pour nom *l'Ordre de la Bande.* Alphonse XI, Roi de Castille, fils du Roi Dom Ferdinand IV, & de la Reine Constance, en fut l'Instituteur (37). Garibay (38), Mariana (39), Jean de Ferreras (40) & Bonanni (41), ne nous en ont pas conservé les Statuts. Dom Antoine de Guevare, Evêque de Mondonedo, Prédicateur & Chro-

niqueur de l'Empereur Charles V,
en a publié une copie dans fes Epitres.
Elles font divifées en cinq Livres , &
écrites en Efpagnol. Nous en connoif-
fons quelques Livres traduits en Ita-
lien (42). Ils l'ont tous été en François (43). Les trois premiers ont été
imprimés en Efpagnol en 1539 à
Valladolid (*Pintiæ*) par Jean de Vil-
laquiran. Nicolas Antoine , qui a cité
cette édition (44) , n'en a pas indiqué
le format. Elle eft très rare : il n'y en
a aucun exemplaire , ni dans la Bibliotheque du Roi, ni dans celle de
M. le Duc de la Valliere, ni dans beaucoup d'autres auxquelles nous avons eu
recours. C'eft ce qui nous a empêchés
de la confulter. Ces mêmes Livres
ont été réimprimés *in*-8. en 1578 à
Anvers , chez Pedro Bellero. Nicolas Antoine n'a pas connu cette réim-
preffion. Elle eft infidelle & incor-

recte : il n'y a pas, jusqu'à sa date, qui ne soit estropiée ; elle porte D. M. LXXVIII pour M. D. LXXVIII. Le Roi en a un exemplaire que M. l'Abbé Desaunais a eu la bonté de nous communiquer.

Nous ne faisons aucun fond sur cette édition ; elle est tronquée à l'endroit où les Statuts de l'Ordre de la Bande interdisent les jeux de cartes.

Elle a été exécutée dans un siecle où la passion que les Espagnols ont toujours eue pour les cartes, étoit devenue encore plus ardente (45), & dans une ville qui étoit autrefois de leur dépendance : c'est pour cela que celui qui en a eu la direction l'a mutilée. Les raisons que nous venons d'alléguer ont eu peut-être un effet bien antérieur. La premiere édition qui a été imprimée environ trente-neuf ans auparavant, est peut-être

également châtrée. Ce qui nous le
fait foupçonner, c'est que nous n'a-
vons vu aucune trace des cartes à
jouer dans la Verfion Italienne que
Dominique de Catzelu a donnée des
deux premiers Livres de ces Epitres.
L'édition que nous en avons vérifiée
eft celle que Gabriel Giolito de Fer-
rare a imprimée en 1558 à Venife,
en 2 vol. *in*-8., & dont Nicolas Antoine n'a pas eu connoiffance (46).

C'eft à la Verfion Françoife du
Seigneur de Guterry, Docteur en
Médecine, que nous nous en rappor-
tons. La défenfe de jouer aux cartes
y eft exprimée ainfi (47) :

« Comandoit leur ordre que nul
« des chevaliers de la bande n'ofaft
« ioüer argent aux cartes ou dez ».

Le Seigneur de Guterry ne cite aucune édition Efpagnole dont il fe foit
fervi ; il affure qu'il a traduit fur le

texte : c'eſt donc ſur un Manuſcrit Eſpagnol qu'il doit avoir fait ſa Ver-ſion. Elle a paru pour la premiere fois en 1558 (48). Il y en avoit déja au moins quatre éditions en 1573 (49). Elles portent toutes la même défenſe. Elle devoit donc être contenue dans le Manuſcrit d'après lequel le Sei-gneur de Guterry a traduit. S'il l'avoit inſérée de ſa propre autorité dans ſa Verſion , n'auroit-on pas réclamé contre ſa fraude , & l'auroit-on co-piée dans toutes les éditions que nous en avons vues ? A peine la premiere ſortit de la preſſe , qu'on ſe ſouleva en France contre elle : on s'y récria con-tre divers paſſages d'une lettre , qui bleſſoient la délicateſſe de nos mœurs nationales. On ſupprima cette lettre dans les éditions poſtérieures (50) : c'eſt ce qui en rendit la premiere ex-trêmement rare.

(15)

Le Seigneur de Guterry n'auroit
donc pu faire cette infertion fans ex-
citer les cris , non - feulement des
François, mais encore des Efpagnols.
Les uns & les autres l'auroient accufé
de falfification : ceux-là , parcequ'il
leur auroit ravi une invention dont
ils ont jufqu'à préfent fait honneur
au regne de leur Roi Charles VI :
ceux-ci , parcequ'ils auroient cru être
offenfés en voyant que le Seigneur de
Guterry produifoit contre eux une
piece fauffe qui flétriffoit dans leur
origine les cartes dont ils font les inventeurs, & pour lefquelles ils ont
toujours eu une affection très mar-
quée.

Mais fuppofons que les François
& les Efpagnols fe fuffent tus fur cette
fraude , celui qui fit réimprimer le
texte en 1578 à Anvers , fe feroit-il
contenté de fupprimer cette défenfe

dans fon édition, fans reprocher au Seigneur de Guterry de l'avoir gratuitement fuppofée ? Nous avons déja obfervé qu'il y avoit alors au moins quatre éditions de fa Verfion, & qu'elles contiennent toutes la même défenfe.

Peut-on fe perfuader, d'après notre obfervation, que le nouvel Editeur du texte n'eût pas taxé ces éditions d'infidélité, s'il eût ofé le faire ? Il s'eft tu; parcequ'il a lui-même, ou mutilé le texte, ou fu qu'il faut attribuer cette mutilation à la mauvaife foi de celui qui en a été le premier Editeur.

La Croix du Maine n'a pas fait mention du Seigneur de Guterry. La maniere dont Duverdier en a parlé dans fa *Bibliotheque*, dont la premiere édition eft de 1585, prouve que ce Traducteur étoit alors encore

vivant (51). C'eft pour cela que l'Editeur d'Anvers a craint de fe compro-
mettre avec lui, en lui imputant une
fauffeté dont il favoit bien qu'il n'é-
toit pas l'Auteur. Il ne pouvoit pren-
dre aucune tournure pour lui faire
cette imputation : il ne pouvoit pas
l'accufer d'ignorer la langue Efpagnole, & d'avoir gliffé dans fa Verfion le mot *Cartes* par défaut d'intel-
ligence du texte ; il ne devoit pas
ignorer que le Seigneur de Guterry
étoit Navarrois , & qu'il avoit été
élevé en Efpagne dès fa plus tendre
enfance (52) : il ne pouvoit intenter
une accufation contre lui que fur les
plus fortes preuves ; fon filence mani-
fefte l'impuiffance où il a été d'en
produire aucune, & rend indubita-
ble la mutilation que nous l'accufons
d'avoir faite.

Il eft bien fingulier que le Pere

B

Héliot, qui a tiré de la Verſion Françoiſe du Seigneur de Guterry (53) l'extrait des Statuts de l'Ordre de la Bande, qu'on lit dans ſon *Hiſtoire des Ordres Monaſtiques, Religieux & Militaires*, en ait ſupprimé la défenſe de jouer aux cartes.

Il y a apparence que n'ayant écrit qu'après le Pere Meneſtrier, il a trop déféré à ſon autorité ; & que s'il n'a pas fait mention de cette défenſe, c'eſt parcequ'il n'a pas oſé combattre l'opinion de ce Jéſuite ſur les inventeurs & l'époque de l'invention des cartes. Comme l'Auteur de l'*Hiſtoire des Ordres Militaires* qui a été imprimée à Amſterdam en 4 vol. *in-8.* en 1721, a copié le Pere Héliot, il a omis auſſi la même défenſe, tome 2, p. 331, art. 10.

Quoique j'aie l'honneur d'appartenir à la nation Françoiſe, la vérité,

qui eſt ma ſuprême regle , m'empê-
che de lui attribuer cette invention.
L'Homme de Lettres doit , dans tout
ce qui n'intéreſſe point la ſociété politique dont il eſt membre , être un
vrai coſmopolite , & n'avoir que l'U-
nivers pour Patrie. Les rivalités litté-
raires ſont puériles ; elles ne doivent
leur germe qu'à la médiocrité des ta-
lents , & à l'exiguité des connoiſſances.

Pour rendre notre découverte plus
ſûre , prévenons deux objections que
l'on pourroit nous faire.

1°. On peut emprunter de Bullet
la preuve dont il s'eſt ſervi pour faire
honneur de l'invention des cartes aux
François , & la tourner contre nous ,
de la façon ſuivante. Il y a eu des
fleurs de lys ſur les figures des cartes
de preſque toutes les nations de l'Eu-
rope. Ces fleurs ſont le ſymbole de

la France. Les cartes ont donc été inventées dans ce Royaume (54).

Cette objection n'a rien d'embar-
raffant. A peine les cartes furent inventées en Efpagne , qu'elles y furent
décriées , & que ceux qui afpiroient
au nouvel Ordre de Chevalerie qu'Al-
phonfe XI y avoit créé , faifoient fer-
ment de ne pas y jouer.

De l'Efpagne , elles pafferent , environ trente ans après , en France,
où elles ne furent pas mieux ac-
cueillies. Le Petit-Jehan de Saintré
ne fut honoré des faveurs de Charles V, que parcequ'il ne jouoit ni aux
dez ni aux cartes (55).

Ce Roi les profcrivit, ainfi que
plufieurs autres jeux , par fon Edit
de 1369 (56). On les décria dans di-
verfes Provinces de la France. On y
donna à quelques-unes de leurs figures des noms faits pour infpirer de

l'horreur. En Provence, on en ap-
pella les valets *Tuchim*. Ce nom dé-
fignoit une race de voleurs qui, en
1361, avoient caufé dans ce pays, &
dans le Comtat Venaiffin, un ravage
fi horrible, que les Papes furent obligés de faire prêcher une Croifade
pour les exterminer (57). Les cartes
ne furent introduites dans la Cour de
France que fous le fucceffeur de Charles V. On craignit même, en les y
introduifant, de bleffer la décence,
& on imagina en conféquence un
prétexte : ce fut celui de calmer la mé-
lancolie de Charles VI, dans les inf-
tants lucides où ce malheureux Roi
entrevoyoit fon état (58). On in-
venta, fous Charles VII (59), le jeu
de Piquet. Ce jeu fut caufe que les
cartes fe répandirent, de la France,
dans plufieurs autres parties de l'Eu-
rope. Certaines figures en étoient

ornées de fleurs de lys. Les autres Nations qui les reçurent de la France, n'en changerent pas d'abord le coftume. De-là vient qu'on vit auffi le même fymbole fur celles qu'elles firent peindre. Qu'on juge, par ce que nous venons de dire, fi ce fymbole prouve que les cartes doivent leur origine à la France.

Mais voici un raifonnement abfolument péremptoire. Bullet a obfervé, dans une autre Differtation (60), qu'on trouve des fleurs de lys fur des monuments Romains du haut & du moyen âge, fur les fceptres & les couronnes de divers Empereurs d'Occident, de divers Rois de Caftille, & de la Grande Bretagne, avant que les Normands en euffent fait la conquête. Cela étant, pourquoi les Efpagnols, en inventant les cartes, n'auroient-ils pas pu en orner les figures de fleurs

de lys? Il eſt d'autant plus vraiſem-
blable qu'ils l'ont fait, que l'invention des cartes eſt poſtérieure, de peu
de temps, à la mort de leur Saint Roi
Ferdinand, dont la couronne étoit
toute fleurdeliſée (61).

2°. On peut nous objecter, d'a-
près Papillon (62), que les cartes ſont
nées en France, & qu'elles ſont bien
plus anciennes que nous ne l'avons
dit. Cet Auteur a cité une défenſe de
jouer aux cartes, faite par S. Louis
en 1254, & il a renvoyé au Recueil
de Blanchard.

Il eſt vrai que S. Louis fit, en Dé-
cembre de cette année (63), une
Ordonnance par laquelle il défendit
de jouer & de donner à jouer aux
dez, aux dames & aux échecs; mais
il n'y parla pas des cartes, parcequ'elles n'étoient pas encore inventées. La copie que Blanchard a ſui-

vie étoit fautive. Celle qui est dans le premier tome de la nouvelle édition des *Ordonnances des Rois de France de la troisieme Race*, est bien plus exacte (64) : les cartes n'y sont, ni nommées, ni désignées. Elles ne le sont pas non plus dans un fragment de la même Ordonnance, que le Savant Thiers a rapporté dans son *Traité des Jeux* (65).

NOTES.

(1) Meneſtrier, *Bibliotheque curieuſe & inſtructive*, tome 2, p. 174, *in*-12.

(2) Voyez ce Mémoire. Il a pour objet l'origine du jeu de Piquet, trouvée dans l'*Hiſtoire de France* ſous le regne de Charles VII. Il eſt du Père Daniel. (Voyez p. 68 des *Recherches hiſtoriques ſur les Cartes à jouer*, par Bullet, Lyon, J. Deville, 1757, *in*-8.) Il eſt inſéré dans le *Journal de Trévoux* du mois de Mai 1720, p. 934 — 968, & dans le tome 77 du *Nouveau Choix de Pieces*, par M. de la Place, p. 7.

(3) Encyclopédie, tome 2, p. 711; col. 2, édit. de Paris.

(4) Art de vérifier les dates, *in-fol.* p. 559, col. 1.

(5) Hiſtoire de France de l'Abbé Velly & de Villaret, *in*-4. tome 6, Saillant & Nyon, Paris, 1770, p. 308.

(6) Dictionnaire hiſtorique des Mœurs des François, par la Cheſnaye-des-Bois, tome 1, p 374.

(7) Hiſtoire de l'Inauguration des Sou-

verains , *in*-8. Paris , Moutard , 1776 , p. 338.

(8) Voyez *l'Art du Cartier* par M. Duhamel du Monceau , réimprimé à Neuchatel par les foins de J. E. Bertrand, Profeſſeur en Belles-Lettres à Neuchatel , &c. tome 4, de la nouvelle édition des *Arts & Métiers,* 1771 — 1776 , *in* 4. &c. note 3 , p. 619 , §. 6. C'eſt le nouvel Editeur qui eſt Auteur de cette note fautive.

(9) Bullet , ci-deſſus note 34, p. 41.

(10) *Idem ,* p. 40.

(11) Voyez J. Alb. Fabricius, *Bibliographia Antiquaria ,* in-4. Hamburgi, 1760 , p. 984 , cap. 22.

(12) Schœpflin , *Vindiciæ Typographicæ ,* in-4. p. 6 , note (*n*) , Argentorati , 1760.

(13) Fournier , *Differtation fur l'origine & les progrès de l'Art de graver en bois ,* &c. Paris, J. Barbou , 1758 , p. 25.

(14) De Viguy. Voyez , fur les cartes , le *Mémoire fur l'Origine de l'Imprimerie ,* que cet Auteur fit inférer dans le *Journal Economique ,* in-8. Paris, Antoine Boudet, en Mars de 1758 , p. 117. Il étoit Archi-

recte , Intendant des bâtiments de Mgr le Duc d'Orléans, & Membre de la Société Royale de Londres.

(15) Saint-Foix, p. 330 du tome 3 de l'édition de fes Œuvres, *in-*8. Paris , veuve Duchefne , 1778.

(16) Meerman, *Origines Typographicæ,* *in-*4. Hagæ-Comitum , 2 tomes, note (*n*), page 222 du premier tome.

(17) La Marre, *Traité de la Police ,* *in-fol.* 4 tomes , p. 447 du tome 1 , col. 1.

(18) L'Abbé le Gendre , *Mœurs des Fran-* *çois*, Paris, Briaffon, 1753, *in-*12. p. 215.

(19) L'Abbé de Longuerue. Voyez le *Longueruana* , 1754 , *in-*12. 2 tomes, Ber-lin, tome 1 , p. 108.

(20) Le Baron de Heineken, Confeiller Privé des Finances de Son Alteffe Electorale de Saxe. Voyez fon *Idée générale d'une Col-* *lection d'Eftampes, in-*8. à Leipfic & Vienne, &c. p. 241 , note (*r*).

(21) Tome 4 du *Diccionario de la Len-* *gua Caftellana , &c.* En Madrid , año 1734 , en la Imprenta de la Real Academia Efpañola: in-fol. p. 646 , col. 1.

(22) Bullet, ci deffus, note 34 , p. 139.

(2.3 , 24 , 25) Tome 4 du *Diccion. de la Leng. Caftell. &c.* ci-deffus , note 2 1.

(26) Bullet , *Mémoires fur la Langue Celtique ,* à Befançon , 1760 *, in-fol.* tome 3, p. 192 , col. 1 , & *Recherches fur les Cartes à jouer* , p. 134.

(27) Cette Chronique a été imprimée pour la premiere fois à Florence en 1728 , *in-*4. *nella Stamperia di S. A. R. per Gio. Gaetano Tartini , e Santi Franchi.* On la trouve à la fuite du Livre fuivant : *Iftoria Fiorentina di Ricordano Malefpini.*

(28) Le plus ancien témoignage que Bullet a rapporté fur ce nom , eft celui de l'Auteur de la Vie Latine de S. Bernardin , qui eft poftérieure à l'an 1444. Voyez *Recherches fur les Cartes à jouer* , p. 135.

(29) Non giuocare a zara , nè ad altro giuoco di dadi , fa de' giuochi che ufano i fanciulli ; agli alioffi , alla trottola , a' ferri , a' *naibi* , &c. p. 270 de l'édition citée ci-deffus , note 27.

(30) *Naibi* (difent ces Editeurs) *forta di giuoco fanciullefco* , & ils renvoient à la Chronique de Giovan Morelli. Voyez le tome 3, *in Firenze* 1733 *, appreffo Dome-*

nico. Maria Manni in-fol. p. 316, col. 2.
Il est vrai que cet Auteur regarde les *Naïbes*
comme un jeu d'enfants ; mais cela n'empê-
che pas de croire que ce jeu ne se jouât avec
des cartes. Cela est si vrai , que Luigi Pulci
ne l'a pas entendu autrement dans son *Mor-*
gante Maggiore , liv. 7 , stance 67, Londra
(Parigi) 1768 , appresso Marcello Prault ,
in-12. tome 1 , p. 190 :

Gridava il gigante :
Tu sei qui , Re de naibi , o di scacchi ,
Col mio battaglio convien ch'io t'ammacchi.

Le mot *Naïbi* ne peut signifier dans ce
passage autre chose que les cartes. C'est ce
que les mêmes Editeurs qui l'ont cité , auroient dû observer. Ce qui ne laisse aucun
doute , c'est ce qu'on lit dans la Vie de Saint
Bernardin de Sienne , écrite par le nommé
Bernabeus , dont nous avons déja parlé , &
insérée dans le tome 5 du mois de Mai du
Acta Sanctorum des Bollandistes , p. 277*
— 287*.

L'Auteur de cette Vie dit que ce Saint
obtint , par ses prédications , un si grand
empire sur le cœur des Siennois , qu'ils s'in-
terdirent les jeux de *naibes* , de dez, &c......

« Ludi verò taxillorum non folùm fuo juffu
« deleti fuere, fed coram Gubernatore hu-
« jus Reipublicæ *naibes*, taxillos, tefferas
« & inftrumenta infuper lignea, fuper quæ
« avare irreligiofi ludi fiebant, combuftos
« effe præcepit, p. 281*, col. 1. »

Si les *Naibes* n'euffent été alors qu'un jeu
d'enfants, ce Saint auroit-il déclamé contre
elles, & fon Hiftorien, qui étoit fon contemporain & fon compatriote, auroit-il
obfervé que la République de Sienne, où ils
avoient pris naiffance l'un & l'autre, avoit,
d'après fes prédications, profcrit les *Naibes*,
& fait brûler toutes celles qu'elle avoit pu
trouver dans fon territoire ?

La Chronique de Giovan Morelli, loin de
prouver que les *Naibes* n'étoient pas les cartes à jouer, prouve au contraire que lorf-
qu'elles pafferent d'Efpagne en Italie, vers
les premiers temps de leur invention, elles y
furent décriées, & n'y fervirent qu'à amufer
les enfants, à caufe de leurs figures. Mais le
temps, qui ne ceffe de miner fourdement les
barrieres que les mœurs oppofent à la li-
cence, apprivoifa infenfiblement les Italiens,
& leur infpira la paffion des cartes. Les jeux

d'enfants ne s'aboliffent guere ; il y a cependant près de deux fiecles que celui des *Naibes* n'eft plus réputé jeu d'enfants en Italie, témoin Bartholomeo Arnigio, qui, parlant en 1602 des jeux d'enfants qui avoient cours alors dans fa Nation, ne nomme pas les *Naibes*. « I noftri fanciulli hoggi oltre que « gli (fic) giuocano a capo a nafcondere, « alla mutola, a far fonagli, alle palmate, « a mofca cieca, a nafcōdi lepre, alla ca-« pra capriuola, a fcarca barili, a ditto « fotto mano, a prima, & feconda, alla « buca, al paffer è nel panico, alla forbice, « alle mulette, a cicirlanda, & a molte « altre fpeci dei giuochi, ne' quali la fan-« ciullefca femplicità ne' teneri anni fi traf-« tulla, &c. » Voyez le *Diece Veglie di Bartolomeo Arnigio. De gli ammendati Coftumi dell' humana vita*, &c. In Trevifo, appreffo Vangelifta Deuchino, 1602, *in*-4.

(31) L'Abbé Alberti : *Nuovo Dizionario Italiano-Francefe*, &c. In Marfiglia, preffo Giovanni Moffy, 1772, *in*-4. p. 540, col. 2. Ce Dictionnaire Italien-François eft jufqu'à préfent le meilleur de tous ceux qui exiftent.

(32) Les Bollandiſtes, ci-deſſus, note 30.

(33.) Les mêmes, ci-deſſus, note 30. « *Naibum* credo hîc dici fritillum, ſeu « alveolum aleatorium », p. 282*, col. 1, note (*c*).

Une preuve que le mot *Naibes*, dont cet Hiſtorien s'eſt ſervi, ſignifie les cartes à jouer, c'eſt qu'il eſt sûr que S. Bernardin de Sienne a déclamé contre elles : *Ne omninò ludant ad Taxillos, ad Aleas, ad Trinquetum neque ad Chartas.* Voyez ſon ſermon 42 ſur la Paſſion, dans les *Recherches ſur les cartes à jouer*, par Bullet, p. 18.

On ne lit pas le mot *Charta* dans l'énumération des jeux que l'Auteur de la Vie de Saint Bernardin a faite ; mais on y lit celui de *Naibes*. C'eſt donc par celui-ci qu'il a voulu ſignifier ce que S. Bernardin a nommé cartes (*chartas*). Au reſte, le paſſage que Bullet attribue à S. Bernardin de Sienne, eſt pris du Synode de Langres tenu en 1404. Voyez Thiers, ci-deſſous, note 76, p. 254.

(34.) Gloſſ. de la Moyenne & Baſſe Latinité de Ducange. Paris, Oſmont, 1733, tome 4, col. 1135.

(33)

(35) Bullet, ci-deſſus, note 34., p. 136.

(36) Puiſque les cartes ſont mentionnées dans les Statuts d'un Ordre qui a été fondé en 1332, elles doivent avoir été inventées quelque temps auparavant. C'eſt pour cela que nous en avons fixé l'invention vers l'an 1330.

(37) Les Auteurs qui ont parlé de l'établiſſement de l'Ordre de la Bande ne ſont pas d'accord ſur l'année en laquelle il fut créé.

Antoine de Guevare (ci-deſſous note 47), & Honnoré de Sainte-Marie (page 156 de ſes *Diſſertations hiſtoriques & critiques ſur la Chevalerie*, *in-*4.), en ont daté la création de l'an 1330.

Eſtevan de Garibay, *Compendio Hiſto-*
rial de las Chronicas y Univerſal Hiſto-
ria de todos los Reynos d'Eſpaña, &c. en
Anvers por Chriſtophoro Plantino 1571,
in-fol. 4 tomes, p. 887, tome 2. Mariana
(*de Rebus Hiſpan.* lib. 16, Toleti, *in-fol.*
1595, cap. 2, p. 747, & page 417 du tome 3
de la verſion Françoiſe de ſon Hiſtoire par
le P. Joſeph-Nicolas Charenton, Jéſuite,
*in-*4, Paris, le Mercier, &c. 1725); &

Ferreras (*Histoire générale d'Espagne*, part. 7, quatorzieme siecle, & page 46 du tome 5 de la version Françoise de d'Hermilly, *in*-4. Paris, 1751), ont dit qu'il fut établi en 1332.

Le Pere Heliot (dans son *Histoire des Ordres Monastiques, Religieux & Militaires, in*-4. Paris, J. B. Coignard, 1719, tome 8, p. 291) a été flottant entre ces deux dates. Il en a adopté tantôt l'une, & tantôt l'autre.

L'Auteur de l'*Histoire des Ordres Militaires*, imprimée en 4 vol. *in*-8. à Amsterdam, chez Pierre Brunel, en 1721, a été dans la même indécision, tome 2, p. 329.

La Roque a prétendu qu'il n'a été institué qu'en 1338. Il s'est trompé. Voyez p. 380 de son *Traité de la Noblesse, in*-4. Paris, Etienne Michallet, 1678, *in*-4.

Le Jésuite Philippe Bonanni a tranché toute difficulté, en ne disant pas un mot sur l'année de son établissement. Voyez *Ordinum Equestrium & Militarium Catalogus in imaginibus expositus, &c. Roma, editio tertia*, 1724, *typis Georgii Plachi, in*-4. (latinè & italicè), num. II.

(38) Garibay, ci-deſſus , note 37.

(39) Mariana , ci-deſſus note 37.

(40) Jean de Ferreras , ci-deſſus , note 37.

(41) Bonanni , ci-deſſus , note 37.

(42 , 43) Voyez Nicolas Antoine , dans ſon *Bibliotheca Hiſpana* (*nova*). Romæ ex Offic. Nicolai Angeli Tinaſſii. 1672. *in-fol.* tome 2 , p. 99 , col. 2 , & p. 100 , col. 1.

(44) Nicol. Ant. ci-deſſus , notes 42 , 43.

(45) Les Eſpagnols ont toujours aimé paſſionnément les cartes. Leurs Rois s'y ſont pris au commencement avec beaucoup d'adreſſe pour les en éloigner. Alphonſe XI, Roi de Caſtille , en établiſſant ſon Ordre de la Bande , fit jurer les Chevaliers qu'il recevoit , de ne pas y jouer. Il crut inſpirer par-là de l'éloignement pour les cartes aux Gentilshommes qui deſiroient d'être décorés de cet Ordre. Mais cette adreſſe politique n'eut pas un ſuccès aſſez efficace ; la privation de cette faveur royale ne fut pas un frein aſſez puiſſant : ſes ſucceſſeurs furent obligés de les interdire par le glaive

des Loix. Jean I, Roi de Castille, les défendit par son Edit de 1387. Voyez Molina, *de Ludo*, dans Bullet ci-dessus, note 34, page 18.

Cette défense, loin d'étouffer en Espagne la passion pour les cartes, la rendit plus ardente. Le Ministere y fut forcé, dans le siecle suivant, de s'armer de nouveaux foudres. Ferdinand V, dit le Catholique, qui monta sur le Trône en 1474 (Voyez l'*Art de vérifier les dates*, p. 819, col. 1, *in-fol.*), y décerna des peines encore plus fortes contre les joueurs de cartes. Voyez Marineus Siculus, dans le *Traité des Jeux & des Divertissemens*, par J. B. Thiers, à Paris, Antoine Dezallier, 1686, *in-*12. p. 186 & 187.

Les habitudes invétérées jettent des racines trop profondes pour pouvoir être extirpées. Un Auteur Flamand, appellé Pascasius Justus, qui florissoit en 1540, & qui avoit voyagé en France, en Italie & en Espagne, nous peint les Espagnols du seizieme siecle comme la Nation la plus passionnée pour les jeux, & principalement pour les jeux de cartes. Il raconte là-dessus

un fait bien remarquable : « J'ai traverſé ,
« dit-il , pluſieurs villages d'Eſpagne où je
« n'ai trouvé ni pain ni vin à vendre ; mais
» je ne ſuis paſſé par aucun où je n'aie trouvé
« des cartes … *Hiſpani homines omnium*
« *quos novi & maximè ludunt , & naturâ*
« *ad ludum maximè ſunt propenſi …* »
Plus bas : « *Jam diu longè lateque Hiſpa-*
« *nias luſtranti mihi ſæpè contigit , ut cùm*
« *multis locis nihil eorum quæ ad victum*
« *faciunt , non panem , non vinum , inve-*
« *nire poſſem ; tamen nunquam Caſtellum*
« *aut vicum ullum adeò abjectum & obſcu-*
« *rum tranſire potui , in quo non cartulæ*
« *vænirent* » Page 40 & 41 du Traité ſui-
vant… *Paſcaſii Juſti , de Alea , libri duo,*
Amſterodami , apud Ludovic. Elzevirium ,
anno 1642. *in*-18.

(46) Nicolas Antoine , ci-deſſus , note 42.

(47) Voyez la page 146 de la premiere
Edition de cette Verſion , ſous ce titre :
Epiſtres Dorées moralles & familieres de
Don Antoine de Guevare , Eveſque de Mon-
donedo , &c A Lyon par Macé Bonhomme ,
1558 , *in*-4. Cette Edition ne contient que
le premier Livre de cette Verſion. Elle eſt

C iij

en lettres rondes, & à longues lignes.

Voyez la page 183 de celle de Jehan Ruelle, *in*-8. Paris, 1570, col. 1, & la page 183 de celle d'Olivier de Harſy, *in*-8. Paris, 1573, col. 1, &c. Ces deux dernieres Editions ſont auſſi en lettres rondes; mais elles ſont exécutées ſur deux colonnes, & ſous ce titre : *Les Epiſtres dorées, & Diſcours ſalutaires de Don Antoine de Guevare*, *&c.* Elles ſont diviſées en trois Livres. Les deux premiers ſont traduits par le Seigneur de Guterry, & le troiſieme, par Antoine du Pinet.

(48) Voyez la note précédente.

(49) Il y a eu, depuis l'an 1558 juſqu'en 1573, au moins quatre Editions de la Verſion Françoiſe que le Seigneur de Guterry a donnée des premiers Livres des Epitres familieres de Don Antoine de Guevare, à ſavoir les trois que nous avons indiquées dans la note 47, & une autre que Duverdier a citée. Elle a été imprimée à Paris *in*-8. en 1563 par Galliot Du-Pré. Voyez le ſecond tome de la nouvelle Edition de ſa *Biblioth.* p. 440.

Nous ne regardons pas comme une cin-

quieme Édition de la Version Françoise
des trois premiers Livres de ces Epitres , celle
qui a vu le jour à Paris en 1573, *in*-8. fous
le nom de Claude Gautier. Elle eft exacte-
ment la même que celle d'Olivier de Harfy.
Elle n'en differe que par le changement du
Fleuron qui eft fur fon titre , & par les
noms du Libraire dont elle porte l'adreffe.
C'eft ce que nous avons vérifié.

Duverdier n'a connu que deux des éditions que nous avons mentionnées , & Nicolas Antoine n'en a indiqué aucune. Voyez
Biblioth. Hifpana nova , tome 1 , p. 100,
col. 1.

(50 , 51) Cette Lettre eft dans le premier Livre de la premiere Edition; elle a
pour titre : *Lettre à Mofen Rubin Gentil-
homme de Valance la Grande , par laquelle
font recités les ennuys que donnent les Dames amoureufes à leurs amys.* Voyez p. 162
— 165.

(52) Voyez l'Epitre Dédicatoire qui eft
à la tête de la premiere Edition ; elle eft
adreffée à Charles, Cardinal de Lorraine.
Elle eft imprimée en François & en Efpagnol fur deux feuillets féparés. Elle n'eft pas

dans les autres Editions que nous avons rap-
portées.

(53) Ce qui prouve que le Pere Heliot ne
s'eſt ſervi que de la Verſion Françoiſe du Seigneur de Guterry, c'eſt qu'en citant les Epitres d'Antoine de Guevare, il les a appellées *Epitres dorées*, tome 8, p. 294. Elles
ne portent ce nom que ſur le titre de cette
Verſion. Elles ſont appellées *Epiſtolas fa-
miliares* dans les éditions Eſpagnoles.

(54) Bullet, ci-deſſus, page 41. Il a tiré
ce raiſonnement de la page 175 du tome 2
de la *Bibliotheque Curieuſe & inſtruĉtive*
du Pere Meneſtrier.

(55) Chronique du Petit-Jehan de Sain-
tré, chap. 13, p. 142, tome 1, *in-*12,
Paris, 1724, édition de Gueullette, & dans
Bullet, ci-deſſus, p. 40 & 41.

(56) Voyez cette Ordonnance dans Bullet, ci-deſſus, p. 13. Les cartes n'y ſont
pas nommées ; Meerman a judicieuſement
obſervé qu'elles y ſont compriſes dans ces
mots, *& tous autres tels geux qui ne chéent
point.* Voyez Meerman, ci-deſſus, note 16.

(57) Voyez l'*Hiſtoire & Chronique de
Provence* de Céſar de Noſtradamus, à Lyon,

chez Simon Rigaud, 1614, *in-fol.* p. 411.

(58) Il y a un Regiſtre de la Chambre des Comptes de Paris, dans lequel on lit qu'il fut payé à Jacquemin Gringonneur, Peintre, la ſomme de 56 ſols pariſis, pour trois jeux de cartes à or & à diverſes couleurs, de pluſieurs deviſes, pour porter devers ledit Seigneur (Roy), pour ſon ébatement. Meneſtrier, ci-deſſus, p. 175, tome 2 ; Bullet, ci-deſſus, p. 26 ; Saint-Foix, p. 330, tome 3 de ſes Œuvres ; & le Baron de Heineken, p. 237, ci-deſſus, ont rapporté ce compte.

Le Baron de Heineken s'eſt trompé en diſant qu'il eſt de 59 ſols pariſis. Il n'eſt que de 56.

Saint-Foix a cru y lire que Jacquemin Gringonneur a inventé les cartes à jouer. Il y a vu ce qu'aucun bon Critique n'y verra. Ce compte porte ſimplement que Jacquemin Gringonneur peignoit de ces ſortes de cartes.

(59) Voyez le Mémoire du P. Daniel ſur le jeu de Piquet, ci-deſſus, note 2 ; & Bullet, ci-deſſus, p. 68.

(60) Bullet. Voyez ſa *Diſſertation ſur les*

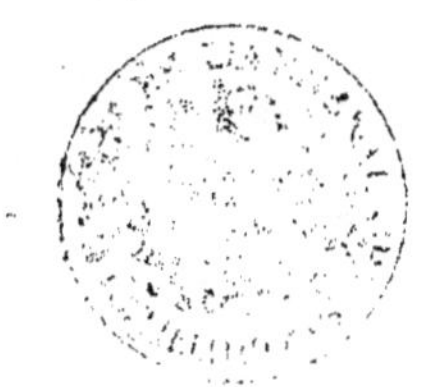

fleurs de lys (p. 10, 11, 12, 13 & 14).
Elle eſt inſérée dans le Recueil qu'il a fait
imprimer ſous ce titre : *Diſſertation ſur différents ſujets de l'Hiſtoire de France* , à Be-
ſançon, &c. 1759, *in*-8. Les citations n'en
ſont aucunement exactes, ſur-tout les deux
de la page 14, qui renvoient aux Bollandiſtes.

(61) Voyez ce que Bullet dit ſur la couronne de Saint Ferdinand, dans ſa Diſſertation ſur les fleurs de lis, p. 14. Il y renvoie
au tome 5 du mois de Mai des Bollandiſtes.
Nous l'avons beaucoup feuilleté. Comme
Bullet n'en a pas indiqué la page, nous n'a-
vons pas pu y trouver ce qui concerne cette
couronne. Saint Ferdinand mourut le 30 Mai
de l'an 1252. Voyez Mariana, liv. 13, an
1250 — 1252, & p. 51 du tome 3 de la
verſion Françoiſe.

(62) Papillon, tome 1 de ſon *Traité de
la Gravure en bois*, p. 80.

(63) Tome 1 des *Ordonnances des Rois
de France de la troiſieme Race*, Paris, de
l'Imprim. Royale, *in-fol.* 1723, p. 61—75.

(64) Cette Ordonnance eſt imprimée en
Latin & en François dans l'édition qui eſt

citée dans la note précédente. L'article Latin en eſt le trente-cinquieme , & le François le vingt-huitieme. Voici l'un & l'autre :

*Preterea prohibemus diſtricè ut nullus
homo ludat ad Taxillos , ſive aleis aut ſcac-
cis ; ſcholas autem deciorum prohibemus &
prohiberi volumus omninò , & tenentes eas
diſtricîius puniantur. Fabrica etiam deciorum prohibetur,* p. 74, col. 1.

Et avec ce nous deffendons étroitement
que nul ne jeüe aux dez , aux tables, ne aux
échets , & ſi deffendons eſcoles de dez , &
voulons du-tout eſtre devées, & ceux qui
les tendront ſoient tres bien punis. Et ſi ſoit
la forge, ou l'euvre de dez deveyé par tout.
Ibid. col. 2.

(65) Voyez la page 184 du *Traité des
Jeux & des Divertiſſements qui peuvent être
permis , ou qui doivent être défendus aux
Chrétiens , ſelon les Regles de l'Egliſe & le
ſentiment des Peres.* Par M. Jean-Baptiſte
Thiers, Docteur en Théologie , & Curé de
Chamrond. A Paris, chez Ant. Dezallier ,
1686, *in-*12.

F I N.

NOTICES hiſtoriques & critiques de deux Manuſcrits de la Bibliotheque de M. le DUC DE LA VALLIERE, dont l'un a pour titre : Le Roman d'Artus, Comte de Bretaigne, *&* l'autre : Le Rommant de Pertenay ou de de Luſignen, *par M. l'Abbé Rive.*

I.

Extrait du Journal de Paris, Nº 217, Août 1779, p. 882.

L'Auteur a inſéré dans la premiere de ces Notices, un Eclairciſſement très curieux ſur l'invention des cartes à jouer.

I I.

Extrait du Journal des Savants. Octobre 1779.

M. l'Abbé Rive, qui a acquis de très grandes connoiſſances, non ſeulement dans la Bibliographie & dans ce qui concerne l'hiſtorique des Manuſcrits, mais qui encore joint une grande érudition à une critique ſage & éclairée dans la Littérature en général, a cru devoir donner une Notice exacte de ces deux Manuſcrits, dans la crainte qu'ils ne s'égaraſſent un jour, &c. *page 654.*

Il commence par décrire, avec la plus grande exactitude, la forme du premier, & en donner l'hiſtoire.

A l'occaſion de ce Roman, qu'on croit être du regne de Charles VI, Roi de France, M. le C. de T. a dit que l'invention des cartes à jouer eſt due aux François, & qu'elle eſt du regne de ce Roi. C'eſt auſſi le ſentiment d'un grand nombre d'Auteurs que M. l'Abbé Rive cite. D'autres ont cru que les cartes avoient été inventées en France ; mais ils en recu-

lent l'époque au regne de Charles V,
vers l'an 1376. Meermann (1) la fixe
vers l'an 1367, & ne dit point en
quel pays elles ont pris naissance.
L'Abbé de Longuerue & le Baron de
Heinken (2), ont cru qu'elles ont été
inventées, l'un en Italie dans le 14me
fiecle, l'autre en Allemagne fur la
fin du 17me (3).

    M. l'Abbé Rive fait voir très clai-
rement qu'en 1330 elles existoient
déja en Espagne, long-temps avant

---

    (1) Lifez Meerman.
    (2) Lifez Heineken.
    (3) Lifez 13eme, & non pas 17eme.
    Il s'est glissé d'autres fautes dans le Jour-
nal des Savants, au fujet de cette Notice.
On y lit, p. 655, col. 2 : à la tête du Cata-
logue de Guyon de *Lardiere* ; on devoit
dire *Sardiere*. On y lit, page 656, col. 2 :
La feconde est appuyée fur ce que S. Louis,
en 1354 ; lifez 1254.

qu'on en trouve la moindre trace chez aucune Nation. *p. 6 5 5, col. 2 & fuiv.*

Dans cette courte Notice M. l'Abbé Rive cite, avec la plus grande exactitude, fes autorités ; &, dans des notes à part, il indique les différentes éditions des divers Auteurs dont il a parlé. *page 6 5 6 , col. 2.*

I I I.

Extrait de La Nature confidérée fous fes différents afpeéts. Année 1779. N° 19, 20, 21, 22.

Si le plan de notre Journal pouvoit nous permettre d'analyfer ces deux excellentes Notices, nous le ferions avec beaucoup de plaifir ; ordre, critique, érudition vafte & profonde, c'eft ce qu'on y admire : nous nous bornons à extraire de la premiere l'éclairciffement fur l'invention des cartes à jouer. *num. 1 9.*

Il auroit été à defirer que nous euſſions pu inférer dans ce Journal les notes qui ont rapport à la pièce que nous venons d'extraire ; mais comme nous ſommes bornés, nous prions ceux de nos Lecteurs qui en defirent une plus grande connoiſſance, de ſe donner la peine de les lire dans l'Ouvrage même. Elles ſont au nombre de ſoixante-trois (1). On en admire la grande exactitude, & on y trouve des obſervations très curieuſes & très importantes. *num.* 22.

IV.

Voyez aux pag. 92 & 93 de l'Eſprit des Journaux de ce mois (Déc. 1779), la copie exacte de ce qui a été rapporté ci-deſſus, num. II, d'après le Journal des Savants ; & corrigez-y les mêmes fautes.

(1) Liſez ſoixante-cinq.

F I N.